CB015658

FICHA CATALOGRÁFICA

(Preparada na Editora)

Baduy Filho, Antônio, 1943-

B129v   *Vivendo as Origens* / Antônio Baduy Filho, Espírito André Luiz. Araras, SP, 1ª edição, 2024.

240 p.:

ISBN 978-65-86112-76-4

1. Espiritismo. 2. Psicografia - Mensagens I. André Luiz. II. Título.

CDD -133.9
-133.91

Índices para catálogo sistemático:

1. Espiritismo 133.9
2. Psicografia: Mensagens: Espiritismo 133.91

VIVENDO AS ORIGENS

ISBN 978-65-86112-76-4

1ª edição - agosto/2024

Copyright © 2024,
Instituto de Difusão Espírita - IDE

Conselho Editorial:
Doralice Scanavini Volk
Wilson Frungilo Júnior

Produção e Coordenação:
Jairo Lorenzeti

Capa:
Samuel Carminatti Ferrari

Diagramação:
Maria Isabel Estéfano Rissi

Parceiro de distribuição:
Instituto Beneficente Boa Nova
Fone: (17) 3531-4444
www.boanova.net
boanova@boanova.net

INSTITUTO DE DIFUSÃO ESPÍRITA - IDE

Rua Emílio Ferreia, 177 - Centro
CEP 13600-092 - Araras/SP - Brasil
Fones (19) 3543-2400 e 3541-5215
CNPJ 44.220.101/0001-43
Inscrição Estadual 182.010.405.118

www.ideeditora.com.br
editorial@ideeditora.com.br

Psicografia de
ANTÔNIO BADUY FILHO

VIVENDO AS ORIGENS

ESPÍRITO ANDRÉ LUIZ

Mensagens relacionadas ao
estudo do livro "A GÊNESE"

SUMÁRIO

III - *O bem e o mal*

IV - *Papel da ciência na Gênese*

V - *Sistemas do mundo antigo e moderno*

VI - *Uranografia geral*

VII - *Esboço geológico da Terra*

VIII - *Teoria sobre a Terra*

IX - Revoluções do globo

X - Gênese orgânica

XI - Gênese espiritual

XII - Gênese mosaica

Os Milagres

XIII - Caracteres dos milagres

XIV - Os fluidos

AS Predições

XVI - *Teoria da presciência*

XVII - *Predições do Evangelho*

XVIII - *Os tempos são chegados*

A GÊNESE

A Gênese completa a Codificação Espírita, sendo a última obra, na qual Allan Kardec expõe, com expressões claras e elevadas, a essência do pensamento doutrinário.

Ao lado dos esclarecimentos a respeito da Gênese, em seus múltiplos aspectos, o Codificador ressalta sempre o científico e filosófico, além do espiritual, para o entendimento da revelação espírita, conforme os conhecimentos da época.

De nossa parte, além das considerações de caráter intelectual, aproveitamos cada tema exposto para ressaltar o aspecto moral e sua aplicação na vivência diária.

Portanto, é bastante útil e esclarecedora a leitura, para a qual convido o leitor amigo.

ANDRÉ LUIZ

Ituiutaba, 06 de abril de 2021

Introdução

1
DOIS ELEMENTOS

Introdução

Em certas situações há o concurso de dois elementos.

❀

Lâmpada.
É o filamento e a energia.

Brasa.
É a lenha e o fogo.

Agasalho.
É a lã e a blusa.

Óculos.
É a lente e a armação.

Bomba.

É o conteúdo e a mangueira.

❀

Em idêntica situação e nas mesmas circunstâncias, é reconhecer que a vida no corpo é o Espírito e a matéria.

2
SOLUÇÃO RACIONAL

Observe tais acontecimentos na vivência do corpo físico.

❀

A criança.
Tem cegueira incurável.

O recém-nascido.
Sadio, morre em acidente.

O jovem.
Adoece em plena evolução.

O filho.
É revoltado, sem motivo.

O doente.

Sofre com dor constante.

❁

O materialista diz que tudo isso é alteração da matéria. O religioso afirma que é decisão divina.

A Doutrina Espírita, porém, traz a solução racional que integra os elementos material e espiritual, explicando que os acontecimentos na vida física decorrem da necessidade do Espírito presente na matéria.

3

EQUIPE

Introdução

O trabalho em equipe ocorre com frequencia.

❀

No esporte.
A equipe é de atletas.
Disputa partida decisiva.
E a vitória não é de um, mas de todos.

Na medicina.
A equipe é de médicos.
Faz pesquisa importante.
E o sucesso não é de um, mas de todos.

Na empresa.
A equipe é de sócios.

Tem administração correta.

E o resultado não é de um, mas de todos.

❀

No Espiritismo é assim também. A Doutrina não é de um, mas dos Espíritos e o Espírito de Verdade coordena a equipe de mensageiros de Jesus.

CAPÍTULO I

Caracteres da Revelação Espírita

4
REVELAÇÃO

Cap. I – 1 a 62

Alguém se revela com sua simples presença.

❀

Nervoso?
Semblante fechado.

Tranquilo.
Fisionomia aberta.

Revoltado?
Lábios contraídos.

Satisfeito?
Sorriso contido.

Agressivo?
Dentes apertados.

Calmo?
Olhar sereno.

Preocupado?
Vista inquieta.

Amoroso?
Rosto acolhedor.

Revelação é a descoberta do que estava oculto, de tal forma que a partir daí é possível perceber o que até então era desconhecido.

5
REVELAÇÃO ESPÍRITA

Cap. I – 1 a 62

A Revelação Espírita descortina a realidade além da morte do corpo físico.

O Espírito.
E a imortalidade.

A consciência.
E a responsabilidade.

O erro.
E o reconhecimento.

A culpa.
E a aceitação.

O arrependimento.
E a reparação.

O entendimento.
E a paz interior.

❦

A Doutrina Espírita revela a continuidade da vida com seus acertos e enganos e a presença da Bondade Divina em favor de todos.

6

TERCEIRA REVELAÇÃO

Cap. I – 1 a 62

A revelação divina ocorre desde a antiguidade.

❀

Moisés.
É a presença do profeta.
Revela os Dez Mandamentos.
E estabelece a ideia do Deus Único.

O Cristo.
É a presença da bondade.
Revela o bem em favor de todos.
E firma o conhecimento do Deus Amor.

O Espírito de Verdade.
É a presença do Consolador.

Revela o Espírito e a vida espiritual.

E comprova a existência do Deus justo.

❁

A Doutrina Espírita é, pois, a terceira revelação divina, trazendo com a pesquisa e a razão a certeza de que, em qualquer circunstância, no corpo físico ou fora dele, o Espírito é imortal.

7

REVELAÇÃO CIENTÍFICA

Cap. I – 1 a 62

A Doutrina Espírita é Revelação Científica, adotando o critério experimental.

❦

Nas comunicações intelectuais.
A análise intensiva da prática mediúnica.
O estudo criterioso do tema apresentado.
A comparação com outras comunicações.
A verificação minuciosa dos fatos citados.
E, por fim, a conclusão definitiva da autenticidade ou não.

Nas manifestações físicas.
A análise intensiva do caráter do médium.
O estudo criterioso do fenômeno produzido.
A comparação com outras manifestações.

A verificação da legitimidade da ocorrência.

E, por fim, a conclusão definitiva da autenticidade ou não.

❀

Não há dúvida, pois, de que a Doutrina Espírita, além de Filosofia e Religião, é também Ciência, comprovando, com a experimentação, os dados da Revelação Divina.

8
REVELAÇÃO FALSA

Cap. I – 1 a 62

Certas situações incomodam na vida diária.

A informação.
Que não é autêntica.

O boato.
Que é falso.

O argumento.
Que não é verídico.

O remédio.
Que é adulterado.

A notícia.
Que não é real.

O vendedor.
Que é falsário.

O vizinho.
Que não é confiável.

O negócio.
Que é fraudulento.

❀

Assim como há falsidade na existência física, no mais além existem Espíritos enganadores que seduzem médiuns invigilantes e transmitem, através deles, relatos que não estão de acordo com a realidade espiritual.

9
Revelação e pesquisa

Cap. I – 1 a 62

Aquele que pesquisa a vida espiritual há de ter certas características.

Dedicação.
Há de se entregar ao trabalho.

Integridade.
Há de ser honesto em tudo.

Observação.
Há de separar todos os fatos.

Análise.
Há de usar critérios justos.

Autonomia.
Há de evitar más influências.

Liberdade.
Há de ser livre na pesquisa.

Correção.
Há de ser correto na exposição.

Juízo.
Há de ser íntegro na decisão.

❁

Assim, pois, a revelação espírita tem caráter científico, em razão da intensa e criteriosa pesquisa em suas manifestações, realizada por adeptos com responsabilidade doutrinária.

10

REVELAÇÃO AUTÊNTICA

Cap. I – 1 a 62

A Doutrina Espírita é a revelação da vida invisível no que lá existe e acontece.

❀

O Espírito.
E sua vivência.

A atividade.
E seu emprego.

O tempo.
E sua ocupação.

A paz.
E sua conquista.

O esforço.
E sua iniciativa.

O trabalho.
E sua escolha.

O objetivo.
E seu alcance.

O bem.
E sua realização.

Apesar de várias outras tentativas de revelação, não há dúvida de que a revelação autêntica da vida espiritual só foi possível graças à Codificação Kardequiana.

11
REVELAÇÕES SIMULTÂNEAS

Cap. I – 1 a 62

Elas aconteceram com frequência.

Reuniões.
Buscas de notícias.
Perguntas de interesse pessoal.
E os médiuns recebiam mensagens de acordo.

Sociedades.
Objetivos sérios.
Interesse de conhecimento espiritual
E os médiuns recebiam mensagens pertinentes.

Entidades.
Várias regiões.

Desejo de conhecer a novidade.

E os médiuns recebiam mensagens próprias.

❀

Tais mensagens chegavam à apreciação de Allan Kardec, que aproveitava somente aquelas que estavam em plena concordância com as Revelações dos Espíritos elevados.

12

REVELAÇÃO PROGRESSIVA

Cap. I – 1 a 62

A revelação espírita foi acontecendo a partir de fenômenos.

❁

Físico.
Mesas girantes.
Ruídos, batidas, perturbações.
E tudo acontecendo na presença de médiuns.

Uns e outros.
Estalidos, deslocamentos.
Respostas através de pancadas.
E tudo acontecendo na presença de médiuns.

Inteligentes.
Comunicações diversas.

Informações de caráter intelectual.

E tudo acontecendo na presença de médiuns.

❀

É certo, pois, que a revelação espírita foi progressiva, aconteceu com participação mediúnica, inicialmente com fenômenos físicos gritantes para chamar a atenção e depois com manifestações inteligentes, explicando a vida.

13
REVELAÇÃO CONTÍNUA

Cap. I – 1 a 62

A revelação espiritual foi contínua em várias circuntâncias.

❀

Vários locais.
Regiões e países.
Desejo de mais conhecimento.

Vários centros.
Grupos e sociedades.
Reuniões com objetivos diversos.

Vários médiuns.
Conscientes da função.
Instruções do mundo invisível.

Várias mensagens.
Respostas a pedidos.
Relatos de interesse pessoal.

❀

Diante de tamanha variedade de circunstâncias e informações, a Doutrina Espírita somente se consolidou com o próprio conhecimento, graças ao empenho e dedicação de Allan Kardec, sempre fiel ao compromisso com a verdade.

14

REVELAÇÕES ESPECIAIS

Cap. I – 1 a 62

As revelações espirituais de caráter especial aconteceram nos primórdios do cristianismo com alguns personagens.

❀

Zacarias.

Recebeu o Emissário Celeste.

Soube da concepção tardia da esposa.

E realmente de Isabel veio a nascer João, o Batista.

Maria.

Atendeu o Mensageiro de Deus.

Foi-lhe revelada a maternidade futura.

E de fato foi mãe extremosa de Jesus, o Cristo.

Os Pastores.

Ouviram o Enviado do Senhor.

Souberam da criança em cidade próxima.

E, lá, louvaram o menino na manjedoura, o Messias.

❀

Assim, é imperioso admitir que as manifestações espirituais ocorrem desde tempos antigos, revelando a presença constante do mundo invisível na vida de alguém.

15

REVELAÇÃO PRESENTE

Cap. I – 1 a 62

A revelação espírita está presente em "O Livro dos Espíritos".

❦

Deus.
E o Infinito.

O Espírito.
E a matéria.

A Criação.
E os mundos.

A inteligência.
E o instinto.

A reencarnação.
E as vidas sucessivas.

A vida social.
E os laços de família.

As esperanças.
E as consolações.

A liberdade.
E o livre-arbítrio.

A lei natural.
E a do trabalho.

A desigualdade.
E as provações.

A Justiça.
E os direitos.

O amor.
E a caridade.

❁

Allan Kardec, com trabalho e dedicação, reuniu em livro o conhecimento espírita ditado pelos mensageiros do Consolador, de tal forma que a nova doutrina pudesse ser conhecida, compreendida e estudada.

Capítulo II

Deus

16

DEUS EXISTE

Cap. II – 1 a 7

Deus está presente na vida.

❀

A árvore.

Tem tamanho e frutos.

Cresce na floresta e alimenta os de lá.

Não é obra de alguém ou do acaso. É criação divina.

A flor.

Tem beleza e perfume.

Cresce nos campos e encanta a paisagem.

Não é obra de alguém ou do acaso. É criação divina.

O rio.

Tem grandeza e volume.

Cresce na cheia e serve a todos no curso.

Não é obra de alguém ou do acaso. É criação divina.

❀

Entenda que Deus existe em suas criaturas e, embora não seja sua opinião, é certo que existe em você também.

17

NÃO QUEIRA

Não queira entender a natureza divina. Deus é o que manifesta sempre.

❁

Justo.
É todo justiça.

Bom.
É todo amor.

Eterno.
É todo sempre.

Onipotente.
É todo poder.

Perfeito.
É todo perfeição.

Sábio.
É todo saber.

Único.
É todo infinito.

❈

Deus é Ele só. E, recordando a palavra de Jesus, é o Pai que está nos céus.

18
DEUS ESTÁ

Cap. II – 20 a 30

Deus está em nós e entre nós.

No pensamento.
Que sustentamos.

No cereal.
Que nos alimenta.

No sorriso.
Que distribuímos.

Na luz.
Que nos ilumina.

Na palavra.
Que falamos.

Na planta.
Que nos ajuda.

No gesto.
Que mostramos.

No calor.
Que nos aquece.

Na atitude.
Que cultivamos.

Na flor.
Que nos encanta.

Na prece.
Que fazemos.

Na bênção.
Que nos abençoa.

Deus é infinito e sua infinitude alcança tudo e a todos.

19
VEJA

Veja Deus na Sua Criação.

❀

Na montanha.
Que aponta para o céu.

No rio.
Que nasce da fonte.

Na catarata.
Que despenca do alto.

No dia.
Que ostenta o sol.

Na noite.
Que mostra a estrela.

Na lua.
Que surge no horizonte.

Na árvore.
Que sustenta o fruto.

No ser.
Que busca a perfeição.

Na bondade.
Que ajuda o próximo.

No Evangelho.
Que ensina o amor.

❀

É certo que você não pode ver Deus, mas é certo também que pode enxergar Sua Presença na vida.

Capítulo III

O bem e o mal

20

É A SOLUÇÃO

Cap. III – 1 a 10

Perceba que o bem resolve o mal.

Está escuro.
A luz clareia.

Está quente.
O ar refresca.

Está frio.
O calor aquece.

Está triste.
O sorriso alivia.

Está fraco.
O remédio trata.

Está irritado.
A calma resolve.

Está confuso.
A ideia esclarece.

Está abatido.
O ânimo estimula.

❁

Não há dúvida, pois, que se existe algum mal, o bem é a solução.

21

VEJA BEM

Cap. III – 11 a 19

São várias as suas ações.

❀

Fala.
E se comunica.

Escreve.
E divulga.

Estuda.
E aprende.

Canta.
E se diverte.

Lê.

E se instrui.

Avisa.

E orienta.

Atua.

E resolve.

Reza.

E se pacifica.

Veja bem. Todas essas atitudes dependem da inteligência, mas quando você respira é instinto.

22

AGRESSIVIDADE

Cap. III – 20 a 24

Os homens são muitas vezes agressivos nos acontecimentos.

❀

Na guerra.
Destroem populações.

Na disputa.
Eliminam adversários.

No assalto.
Matam vítimas.

Na discussão.
Ferem oponentes.

Na cobrança.
Ameaçam devedores.

No negócio.
Enganam parceiros.

No emprego.
Oprimem serviçais.

Na família.
Prejudicam parentes.

❀

Está claro que tais acontecimentos não são justos e tudo isso ocorre por motivo de orgulho e ambição.

CAPÍTULO IV

Papel da ciência na Gênese

23

CONSTRUA

Cap. IV – 1 a 18

Construa seu mundo interior.

Com a paz.
E seja pacífico.

Com o bem.
E seja benevolente.

Com a paciência.
E seja tolerante.

Com a fé.
E seja fiel.

Com a modéstia.
E seja humilde.

Com a alegria.
E seja contente.

Com a franqueza.
E seja sincero.

Com a esperança.
E seja confiante.

❀

Construa dentro de si o mundo de seus objetivos, mas saiba que somente sua atitude pode transformá-los em realidade.

CAPÍTULO V

Sistemas do mundo antigo e moderno

24
É Renovação

Cap. V – 1 a 14

Renove seu mundo interior.

Com a paz.
E a paciência.

Com a tolerância.
E a calma.

Com o trabalho.
E a persistência.

Com a fé.
E a esperança.

Com a bondade.

E a dedicação.

Com o amor.

E a caridade.

❀

Faça de seu mundo interior instrumento do bem e viva de acordo com os ensinamentos de Jesus.

CAPÍTULO VI

Uranografia geral

25
GUARDE

Guarde na intimidade o espaço do bem.

❀

Trabalhe.
E tenha benefício.
Mas ajude o próximo.

Conviva.
E goste dos amigos.
Mas visite o idoso.

Proteja.
E eduque os filhos.
Mas ampare o órfão.

Ame.

E valorize a família.

Mas apoie o lar carente.

❀

Aproveite o tempo para fazer ao próximo o que gostaria que fizesse a você.

26

A MATÉRIA

Cap. VI – 3 a 7

A matéria mais importante é o bem.

❀

O sorriso.
Que alivia.

A paciência.
Que acalma.

A tolerância.
Que espera.

A bondade.
Que ajuda.

A fé.
Que sustenta.

O amor.
Que ampara.

❀

Em qualquer circunstância, o bem resolve sempre.

27

A LEI E A FORÇA

Cap. VI – 8 a 11

Use os recursos do Evangelho na convivência diária.

❀

Perdão.
É fundamental.

Bondade.
É importante.

Tolerância.
É necessária.

Fé,
É indispensável.

Gratidão.

É conveniente.

Paciência.

É imprescindível.

❀

A lei é o amor ao próximo como a si mesmo. A força é o bem.

28
CRIAÇÃO IMPORTANTE

Cap. VI – 12 a 16

Crie na vida diária a oportunidade da paz.

❀

Converse.
Com todos.

Aja.
Com calma.

Respeite.
O outro.

Responda.
Com bondade.

Ouça.

Com paciência.

Viva.

Com amor.

❀

Compreenda, pois, que a tolerância é criação
importante na vida íntima.

29

SEJA CALMO

Cap. VI – 17 a 19

Seja calmo e crie o ambiente tranquilo.

❀

Na família.
Sendo pacífico.

No trabalho.
Sendo solidário.

Na escola.
Sendo fraterno.

Na parentela.
Sendo amorável.

Na amizade.
Sendo confiante.

Na viagem.
Sendo responsável.

❀

Não há dúvida, pois, que viver de acordo com a paz depende de você.

30
SEJA A LUZ

Cap. VI – 20 a 27

Ilumine seu caminho fazendo o bem.

❀

Para a criança.
Que está abandonada.

Para o idoso.
Que está solitário.

Para o doente.
Que está sofrendo.

Para a gestante.
Que está debilitada.

Para o familiar.
Que está angustiado.

Para o amigo.
Que está desorientado.

❀

Use os recursos do Evangelho e seja a luz para aqueles que estão na sombra do sofrimento.

31

PENSE NO BEM

Cap. VI – 28 a 36

Percorra o espaço daqueles que precisam de você.

❁

Visite.
A família carente.

Socorra.
O doente grave.

Ampare.
O idoso sozinho.

Ajude.
A criança enferma.

Conforte.
O menino infeliz.

Oriente.
O jovem desnorteado.

❀

Pense sempre no bem e seja para todos a bondade que alivia.

32
IDEIA FIXA

Cap. VI – 37 a 44

Mantenha a ideia fixa no bem.

Na bondade.
E na calma.

Na paciência.
E na esperança.

Na tolerância.
E na humildade.

Na fé.
E na dedicação.

Na benevolência.

E na perseverança.

No amor.

E no perdão.

❀

Faça ao próximo o benefício possível e tenha o coração sempre em paz.

33

FAÇA O BEM

Cap. VI – 45 a 47

Evite que seu coração seja um deserto de sentimentos.

❀

Ame.
O próximo.

Ajude.
O pequeno.

Conforte.
O infeliz.

Apoie.
O solitário.

Ampare.

O enfermo.

Perdoe.

O agressor.

❀

Faça sempre o bem, na certeza de que o bem é o caminho da paz.

34

MUNDO ÍNTIMO

Cap. VI – 48 a 57

Cultive o espírito de generosidade.

Falando.
Com paciência.

Ouvindo.
Com tolerância.

Atendendo.
Com bondade.

Agindo.
Com calma.

Perdoando.
Com convicção.

Amando.
Com sinceridade.

❀

Valorize o bem no convívio diário, a fim de que seu mundo íntimo esteja sempre em paz.

35

CIÊNCIA

Ajude o próximo através da Ciência.

Com o antibiótico.
Que cura.

Com o analgésico.
Que alivia.

Com o antidepressivo.
Que anima.

Com o sedativo.
Que acalma.

Com o quimioterápico.

Que controla.

Com o anticonvulsivo.

Que socorre.

Em qualquer circunstância, utilize seu conhecimento para dar alívio a alguém que sofre.

36
A RAZÃO

A moral espírita é a moral cristã.

É o amor.
Ao próximo.

É a bondade.
Sempre.

É o perdão.
À ofensa.

É a paciência.
Na vida.

É a benevolência.
Com todos.

É a fé.
Em Deus.

❈

Esta é a razão pela qual a Doutrina Espírita afirma: "Fora da caridade não há salvação".

CAPÍTULO VII

Esboço geológico da Terra

37

PERÍODOS

Cap. VII – 1 a 14

A vida humana tem seus períodos.

Na gestação.
É o embrião.

No pós-parto.
É o recém-nascido.

Na infância.
É a criança.

Na mocidade.
É o adolescente.

Na madureza.

É o adulto.

Na idade senil.

É o idoso.

❦

Em todos esses períodos, a Bondade Divina está presente, abençoando e orientando o caminho para o bem.

38

A SI MESMO

Cap. VII – 15 a 18

Você é um na aparência e outro na intimidade.

Sorri sempre.
Mas é colérico.

Fala com calma.
Mas é irritado.

Ouve a opinião.
Mas é resistente.

Ajuda alguém.
Mas é egoísta.

Ora em conjunto.
Mas é descrente.

Defende o amor.
Mas é rancoroso.

❁

Diante disso, faça sua transformação íntima, buscando nas lições do Evangelho o amor ao próximo, mas também a si mesmo.

39
PERÍODO PRIMÁRIO

Cap. VII – 19 a 21

Cuide da criança que acaba de nascer.

Com assistência.
Que seja total.

Com alimentação.
Que seja adequada.

Com dedicação.
Que seja contínua.

Com carinho.
Que seja intenso.

Com bondade.
Que seja natural.

Com amor.
Que seja completo.

❀

Dê todo o bem ao recém-nascido em seu período primário de vida, a fim de que no futuro ele também saiba ser bom para com o próximo.

40

TRANSIÇÃO

Cap. VII – 22 a 27

Na infância ocorre o período de transição e a criança evolui.

❀

Cresce.
E se entrosa.

Conversa.
E dialoga.

Brinca.
E se distrai.

Estuda.
E aprende.

Amadurece.

E se acalma.

Pensa.

E analisa.

❁

Eduque a criança, mas faça a ela todo o bem possível, na certeza de que o amor é o ensinamento mais importante.

41
MOCIDADE

Mocidade é o período secundário do cresci-mento. O jovem adolescente está mais atento.

❦

Ao estudo.
Que é mais frequente.

À dedicação.
Que é mais constante.

À atividade.
Que é mais intensa.

À leitura.
Que é mais indicada.

Ao objetivo.
Que é mais seguro.

À firmeza.
Que é mais evidente.

❀

Claro que é bom desenvolver o conhecimento, mas é preciso não esquecer a ideia do bem e o amor ao próximo.

42

MADUREZA

A madureza se identifica com a razão. O adulto age com responsabilidade.

Estuda.
Com esforço.

Trabalha.
Com disciplina.

Serve.
Com renúncia.

Ajuda.
Com dedicação.

Orienta.
Com bondade.

Conversa.
Com lucidez.

❀

Aquele que está na idade adulta e ama o próximo fala o que convém e ouve o que é preciso.

43

SENILIDADE

Cap. VII – 43 a 48

A senilidade é um dilúvio de vivências. O idoso traz dentro de si a experiência de longo tempo.

O conhecimento.
Acumulado.

A paciência.
Conquistada.

A tolerância.
Adquirida.

A bondade.
Declarada.

A paz.

Reconhecida.

O sentimento.

Aprimorado.

Os anos vividos são lições permanentes que en-
sinam a importância do amor e do bem ao próximo.

44

SUPERAÇÃO

Cap. VII – 49 e 50

Superado o acontecimento doloroso em seu caminho, você vive agora com mais confiança.

Com fé.
Em Deus.

Com paz.
No coração.

Com crença.
No bem.

Com certeza.
Na bondade.

Com humildade.
Na atitude.

Com amor.
Na vida.

❀

Claro que a dor lhe machucou o íntimo, mas com o Evangelho presente em suas horas, você soube transformá-la em dedicação ao próximo.

Capítulo VIII

Teoria sobre a Terra

45
PROJEÇÃO

Muitas vezes você imagina em alguém emoções a seu respeito.

❀

Mágoa.
Que não se mostra.

Ironia.
Que não acontece.

Despeito.
Que não ocorre.

Raiva.
Que não aparece.

Ciúme.
Que não surge.

Desprezo.
Que não se revela.

❀

Diante disso, examine a si mesmo, porque tais situações sucedem por causa da projeção no outro de sentimentos que existem em você.

46

CONDENSAÇÃO

Reafirme sua atitude no bem, através do ato voluntário. Experimente.

❀

Ajudar.
Sem ser solicitado.

Tolerar.
Sem ser obrigado.

Aconselhar.
Sem ser instado.

Ouvir.
Sem ser suplicado.

Calar.
Sem ser rogado.

Entender.
Sem ser implorado.

❀

A condensação do amor ao próximo, até que ele seja firme em você, é a certeza da presença do bem em seu caminho.

47

TEMPERAMENTO

Cap. VIII – 4 a 6

O temperamento agressivo é a causa de atitudes inconvenientes.

❀

Intolerância.
E irritação.

Impaciência.
E hostilidade.

Discussão.
E ofensa.

Exaltação.
E transtorno.

Interesse.

E exigência.

Orgulho.

E prepotência.

❦

Contudo, esta situação se transforma quando você aceita em seu mundo interior a presença do amor ao próximo.

CAPÍTULO IX

Revoluções do globo

48
EGOÍSMO E ORGULHO

Cap. IX – 1 e 2

Egoísmo e orgulho são situações incômodas no relacionamento diário.

❀

Egoísmo não ajuda.
E se afasta.

Orgulho não respeita.
E se impõe.

Egoísmo não ouve.
E se cala.

Orgulho não liga.
E se exibe.

Egoísmo não faz.

E se isola.

Orgulho não suporta.

E se exalta.

❀

Em razão disso, busque no Evangelho os ensinamentos que lhe permitam afastá-los de seu comportamento.

49

DILÚVIO

Cap. IX – 3 a 5

Há momentos em que ocorre um dilúvio de problemas. Saiba resolvê-los.

❀

Com equilíbrio.
E conhecimento.

Com justiça.
E serenidade.

Com paciência.
E convicção.

Com tempo.
E segurança.

Com respeito.
E prudência.

Com esperança.
E fraternidade.

❀

A melhor solução para as situações difíceis é se entregar ao trabalho justo, sem esquecer a presença do bem.

50

SOLUÇÃO DE PAZ

Cap. IX – 6 a 10

Perturbações periódicas acontecem em sua vivência.

❀

Na família.
O parente que agride.

No trabalho.
O colega que compete.

Na amizade.
O amigo que mente.

Na moradia.
O vizinho que maltrata.

No lazer.
Alguém que incomoda.

No compromisso.
O parceiro que desiste.

Nesses momentos, não se esqueça do amor ao próximo e use de paciência e tolerância, para que a solução seja de paz.

51
CATACLISMOS

Cataclismos agressivos em seu mundo interior quebram a barreira defensiva do bem e você se altera.

❊

Grita.
Com o outro.

Maltrata.
A família.

Desentende.
Com o amigo.

Insulta.
A vizinhança.

Explode.
Com o serviçal.

Ataca.
A parentela.

❀

Situação assim pede o esforço da transformação moral, aceitando na intimidade a influência do amor ao próximo.

CAPÍTULO X

Gênese orgânica

52

GERMES DIVINOS

Cap. X – 1 a 3

São eles que se multiplicam em suas atitudes.

❀

Na caridade.
Que socorre.

Na tolerância.
Que suporta.

Na calma.
Que espera.

No perdão.
Que absolve.

Na bondade.
Que ampara.

Na esperança.
Que fortalece.

❀

O bem que você pratica é multiplicação divina do amor ao próximo.

53
COMPOSIÇÕES

Cap. X – 4 a 15

O amor realiza composições importantes na vida diária.

❀

Com a calma.
É paciência.

Com a espera.
É tolerância.

Com a renúncia.
É perdão.

Com a indulgência.
É entendimento.

Com a dedicação.
É caridade.

Com a fé.
É esperança.

❀

Quando o amor se compõe com sua preocupação pelo próximo é a prática do bem.

54

SUBSTÂNCIA

Cap. X – 16 a 19

Deixe que o princípio do bem influa em seu comportamento, transformando o aborrecimento em compreensão.

❀

A revolta.
Em calma.

O orgulho.
Em modéstia.

O egoísmo.
Em fraternidade.

A acusação.
Em indulgência.

A sovinice.
Em caridade.

O ódio.
Em perdão.

❦

É importante, pois, entender que o amor ao próximo é a substância que sustenta a atitude benevolente.

55

BEM ESPONTÂNEO

Cap. X – 20 a 23

No exercício da caridade não espere pelo pedido de ajuda. Aja espontaneamente.

❀

Socorra.
O doente.

Ampare.
O sofredor.

Visite.
O incapaz.

Oriente.
O confuso.

Ouça.

O jovem.

Assista.

O idoso.

❀

O bem espontâneo é sempre iniciativa daquele que acredita no amor ao próximo.

56
ESCALA DO BEM

Cap. X – 24

Observe como reagem os que são escalados para o benefício de alguém.

❀

O egoísta.
Nega.

O doador.
Ajuda.

O orgulhoso.
Desconversa.

O altruísta.
Coopera.

O avarento.
Contesta.

O generoso.
Socorre.

Contudo, a escala do bem conta apenas com os que fazem o auxílio ao próximo.

57

CONDIÇÃO HUMANA

Cap. X – 25 a 29

Dignifique a condição humana que a trajetória evolutiva lhe permitiu. Seja autêntico.

❀

Sincero.
E tolerante.

Justo.
E calmo.

Atuante.
E paciente.

Fraterno.
E disposto.

Entendido.
E amável.

Rigoroso.
E amigo.

❦

A humanidade é escola para sua transformação íntima a caminho da angelitude.

CAPÍTULO XI

Gênese espiritual

58
PRINCÍPIO ESPIRITUAL

Cap. XI – 1 a 9

Ele existe em você e se manifesta.

Pensa.
E raciocina.

Deseja.
E realiza.

Entristece.
E reage.

Planeja.
E executa.

Comemora.

E sorri.

Conhece.

E transmite.

A presença em você do conhecimento e da emoção é a certeza da presença do princípio espiritual.

59

CORPO FÍSICO

Cap. XI – 10 a 14

O corpo físico sofre a influência do Espírito devedor e apresenta alterações.

Da visão.
Até cegueira.

Da audição.
Até surdez.

Do músculo.
Até paralisia.

Da fala.
Até mudez.

Do humor.
Até depressão.

Da mente.
Até a psicose.

❦

As dificuldades da vida presente são consequências de situações não resolvidas em vidas passadas.

60

CORPO HUMANO

Cap. XI – 15 e 16

Dedique todo o cuidado a seu corpo.

Controle.
Não abuse.

Respeite.
Não agrida.

Conserve.
Não destrua.

Proteja.
Não exceda.

Aceite.
Não despreze.

Agradeça.
Não ignore.

❀

A presença do Espírito no corpo humano é oportunidade de aprendizado e aperfeiçoamento íntimo.

61
É A PRESENÇA

Cap. XI – 17 a 31

A encarnação é a presença do princípio inteligente na matéria.

❀

É ligação.
Desde o início.

É contato.
Com o embrião.

É perda.
Da memória.

É crescimento.
Do organismo.

É formação.
Do corpo.

É nascimento.
Do feto.

❀

Desde então, o princípio inteligente evolui e desenvolve suas faculdades.

62

É O RETORNO

Cap. XI – 32

Areencarnação é o retorno do Espírito ao corpo físico, com responsabilidades definidas.

❁

Finalidade.
De evolução.

Aprendizado.
De vida.

Resgate.
De débitos.

Convivência.
De família.

Enfermidade.
De provação.

Compromisso.
De tarefa.

❀

O Espírito reencarnado conta com nova oportunidade de crescimento íntimo.

63

NATUREZA DIVERSA

Você recebe e transmite pensamentos de natureza diversa.

❀

De paz.
E revolta.

De alegria.
E tristeza.

De serenidade.
E angústia.

De bondade.
E ódio.

De abnegação.
E egoísmo.

De fé.
E descrença.

❀

Em sua vivência diária, proceda de tal forma que os pensamentos, seus e à sua volta, sejam sempre de amor ao próximo.

64
RAÇA

Cap. XI – 36 a 41

Não importa a origem ou a raça, o que importa é a conduta.

❀

A atitude.
E não a cor.

A bondade.
E não o rosto.

A paciência.
E não o cabelo.

A humildade.
E não o corpo.

A gentileza.
E não a fala.

O bem.
E não o olho.

❀

Entenda, pois, que o importante na vida é a disposição íntima para a prática do bem.

65
ANJO DECAÍDO

Na experiência do corpo físico, você não é anjo decaído, é Espírito em processo de recuperação.

Erra.
Mas corrige.

Sofre.
Mas entende.

Reclama.
Mas prossegue.

Desiste.
Mas retorna.

Descrê.
Mas reage.

Vacila.
Mas confia.

❀

Portanto, não duvide da Bondade Divina, certo de que o momento de dor agora é o caminho que conduz à paz no futuro.

CAPÍTULO XII

Gênese mosaica

66
SEIS DIAS

Conheça-se melhor em seis dias.

❀

Primeiro.
Analise a disposição.

Segundo.
Observe a convivência.

Terceiro.
Avalie o impulso.

Quarto.
Entenda a conduta.

Quinto.

Considere o esforço.

Sexto.

Examine o tratamento.

Aproveite sempre o tempo, qualquer que seja, para saber mais a seu respeito e fazer o bem ao próximo.

CAPÍTULO XIII

Caracteres dos milagres

67

MILAGRES

Cap. XIII – 1 a 3

Não espere milagres em seu caminho. Resolva seu problema.

Na família.
Com paciência.

No casamento.
Com amor.

Na amizade.
Com entendimento.

No trabalho.
Com solidariedade.

Na escola.
Com dedicação.

Na vida.
Com fé em Deus.

❀

Tenha sempre disciplina e observe que o milagre é seu esforço.

68

NÃO FAZ

Cap. XIII – 4 a 14

A Doutrina Espírita explica várias situações, entre tantas outras.

❀

A vida espiritual.
Que é existente.

O Espírito.
Que é realidade.

O passe.
Que é energia.

A mediunidade.
Que é meio.

A obsessão.
Que é influência.

O benfeitor.
Que é proteção.

❀

O Espiritismo revive os ensinamentos de Jesus. Não faz milagre, faz o bem.

69
REPARE

Repare um pouco do que existe em a Natureza.

❀

O morro e a montanha.
Que apontam para cima.

O rio e a cachoeira.
Que despencam do alto.

O lago e o mar.
Que guardam a água.

O céu e a estrela.
Que brilham à noite.

A árvore e a flor.

Que enfeitam o mundo.

O sol e a lua.

Que iluminam o espaço.

❀

Tudo isso, e muito mais, é criação do poder e da sabedoria de Deus, não é milagre.

CAPÍTULO XIV

Os fluidos

70
FLUIDOS

Seu ambiente espiritual depende dos próprios fluidos e da afinidade com os fluidos alheios.

❀

De paz.
Ou revolta.

De serenidade.
Ou angústia.

De calma.
Ou irritação.

De caridade.
Ou egoísmo.

De modéstia.
Ou arrogância.

De amor.
Ou cólera.

❀

Traga seus pensamentos motivados pelo bem, a fim de que as ideias contrárias não perturbem seu clima espiritual.

71

FLUIDO ESPIRITUAL

O fluido espiritual é o fluido cósmico eterizado. Cuide dele.

❀

Com o bem.
No pensamento.

Com a tolerância.
Na frustração.

Com a brandura.
Na atitude.

Com a paciência.
No diálogo.

Com a bondade.
No gesto.

Com o amor.
Na convivência.

Viva os ensinamentos de Jesus, a fim de que haja equilíbrio em seu ambiente espiritual.

72

VISÃO INTERIOR

Enxergue em si mesmo sua dificuldade e qual é a solução.

❁

Egoísmo.
É a fraternidade.

Revolta.
É a paz.

Ódio.
É o amor.

Vingança.
É o perdão.

Orgulho.
É a humildade.

Intolerância.
É a paciência.

❀

Faça do amor ao próximo a certeza de sua transformação íntima.

73
REFLEXO

Veja no sonho o reflexo de suas alterações íntimas.

❀

Inquietação.
É a dúvida.

Agressividade.
É a mágoa.

Confusão.
É a ansiedade.

Encontro.
É o desejo.

Morte.

É o ódio.

Sofrimento.

É a culpa.

❄

A vida interior, que reflete o conteúdo de seu fluido espiritual, alcança a paz com a presença do bem.

74

IDEIA ALHEIA

Cap. XIV – 31 a 44

Afaste a influência perniciosa em sua vida.

❀

No pensamento.
Que se altera.

Na conduta.
Que se modifica.

No temperamento.
Que se irrita.

Na palavra.
Que se intromete.

No desejo.
Que se manifesta.

No humor.
Que se exalta.

❀

Para evitar a ideia alheia e indesejável em seu caminho, mantenha a fé na Bondade Divina e cultive o amor ao próximo.

75

Iniciativa própria

Cap. XIV – 45 a 49

Resolva suas dificuldades íntimas com iniciativa própria.

Com disciplina.
Voluntária.

Com trabalho.
Correto.

Com raciocínio.
Elevado.

Com atitude.
Sincera.

Com esforço.

Interior.

Com dedicação.

Constante.

Utilize a ideia do bem para a solução dos problemas e a melhora de seu comportamento.

CAPÍTULO XV

Os milagres do Evangelho

76

RELACIONAMENTO

Cap. XV – 1 e 2

Você mostrava dificuldade no relacionamento com o próximo.

❀

Avarento.
Não ajudava ninguém.

Egoísta.
Não ligava ao outro.

Orgulhoso.
Não olhava o pedinte.

Empertigado.
Não falava com vizinho.

❀

Era assim, mas se modificou ao saber a respeito da vida espiritual. Milagre? Não. Bom senso.

RECURSO NECESSÁRIO

Cap. XV – 3

Faça do sonho caminho para a realidade na prática do bem. Use o recurso necessário.

❀

Paciência.
E ajude o infeliz.

Tolerância.
E ouça a queixa.

Bondade.
E atenda o sofredor.

Calma.
E realize a tarefa.

❀

O amor ao próximo é o objetivo de quem sonha fazer o melhor.

78
VOCÊ RECEBE

Cap. XV – 4

De várias maneiras você recebe notícias ou avisos.

❀

Recado.
Alguém leva.

Telefone.
Alguém liga.

Telegrama.
Alguém manda.

Rede social.
Alguém escreve.

❀

Se o conteúdo que lhe chega é justo e correto, convém atendê-lo.

79
VISÃO CRÍTICA

Cap. XV – 5 a 9

Enxergue suas dificuldades interiores na convivência diária e busque corrigi-las com a prática do bem.

❀

Irritação?
É calma.

Egoísmo?
É dedicação.

Avareza?
É bondade.

Intolerância?
É paciência.

❀

A visão crítica dos conflitos íntimos é o começo de sua solução.

80

CURA MORAL

Tente curar em si mesmo as mazelas morais e de comportamento.

❀

Revolta.
E desprezo.

Intolerância.
E ódio.

Orgulho.
E isolamento.

Sovinice.
E egoísmo.

❀

Encontre no Evangelho os ensinamentos que vão ajudá-lo na transformação íntima.

81

ALGUMAS VEZES

Algumas vezes você está possuído pela realidade da falta de amor ao próximo.

❀

Inveja.
Do vizinho.

Proveito.
De alguém.

Raiva.
De outro.

Desprezo.
Ao parente.

❀

Preste atenção à sua conduta e tente corrigi-la com o esforço no bem.

82

RESSUSCITE

Cap. XV – 37 a 40

Ressuscite as ideias do bem, sepultadas em sua intimidade.

Tolerância.
E paciência.

Paz.
E doação.

Renúncia.
E indulgência.

Amor.
E bondade.

Não deixe de considerar o próximo como o Evangelho ensina.

83

CAMINHE

Cap. XV – 41 e 42

Caminhe em direção à reforma íntima.

❀

À mudança.
Da conduta.

À busca.
Da paz.

À certeza.
Do perdão.

À escolha.
Da humildade.

❀

Este é apenas um pedaço do caminho que o levará à vitória sobre si mesmo.

84
É TRANSFIGURAÇÃO

Cap. XV – 43 e 44

É o que também acontece, quando você se transforma no momento da cólera.

Faces.
Contraídas.

Olhos.
Arregalados.

Narinas.
Dilatadas.

Respiração.
Ofcgante.

Esta situação só deixa de existir com a vivência das lições do Evangelho.

85

TEMPESTADE

Cap. XV – 45 e 46

Elimine suas manifestações tempestuosas.

❀

Com vontade.
E decisão.

Com certeza.
E lisura.

Com equilíbrio.
E opinião.

Com silêncio.
E paciência.

❀

Qualquer que seja o motivo das manifestações, busque a solução no desejo do bem.

86

REUNIÃO FESTIVA

Cap. XV – 47

Presente na reunião festiva, tenha paz e moderação.

❀

Não exija.
Concorde.

Não discuta.
Aceite.

Não exagere.
Controle.

Não grite.
Dialogue.

❀

A calma é manifestação do bem no relacionamento com o outro.

87

PÃO DO CÉU

Cap. XV – 48 a 51

É a substância da palavra divina, alimentando a intimidade espiritual com os recursos do Evangelho.

❀

É amor.
Ao próximo.

É o perdão.
À ofensa.

É a esperança.
Ao aflito.

É a indulgência.
Ao culpado.

❀

É o pão que recebe o levedo do bem em favor de todos.

88

VOZ ÍNTIMA

Cap. XV – 52 e 53

Às vezes, uma voz íntima tenta convencê-lo a fazer o pior.

❧

Rejeitar.
O amigo.

Desprezar.
O parente.

Ofender.
O mendigo.

Evitar.
O encontro.

❧

Frente a essa tentação, recorra ao bom senso e faça o melhor, através do amor ao próximo.

89
ATITUDE ADEQUADA

Cap. XV – 54 e 55

Diante do acontecimento desagradável, controle as emoções.

❀

Desastre.
É calma.

Morte.
É aceitação.

Provação.
É coragem.

Doença.
É confiança.

❀

Em tal situação, a atitude adequada é a paz interior com a certeza da Bondade Divina.

90
ESTEJA SEMPRE

Cap. XV – 56 a 63

Veja a presença de Jesus em alguns momentos do Evangelho.

❀

Com a samaritana.
E o diálogo.

Com a adúltera.
E o perdão.

Com o sacerdote.
E a resposta.

Com o letárgico.
E a ressurreição.

❀

Esteja sempre com Jesus no coração, amando e servindo a todos.

91
PROTEJA

Cap. XV – 64 a 68

Proteja o corpo que abriga sua alma e cuide dos dois.

❀

Da saúde.
E do amor.

Da energia.
E do perdão.

Da defesa.
E da bondade.

Do físico.
E da tolerância.

❀

O estágio na matéria é oportunidade de evolução espiritual.

Capítulo XVI

Teoria da presciência

92

COMPLICAÇÕES

Cap. XVI – 1 a 18

Com entendimento amplo de determinada atividade, é possível prever complicações futuras.

❀

O tempo.
Que varia.

O serviço,
Que aumenta.

O profissional,
Que desiste.

O resultado.
Que altera.

❀

Pelo bem do próximo você pode prevenir tais acontecimentos.

93
EMBARAÇOS

Cap. XVI – 1 a 18

Frente à situação difícil do momento, anteveja os embaraços de mais adiante e busque a inspiração da fé para resolvê-la.

❀

Dúvida.
É a certeza.

Desânimo.
É a vontade.

Fracasso.
É o recomeço.

Desistência.
É a coragem.

❀

Aprenda com o bem no presente a solução para o futuro.

94

MAIS E MAIS

Faça a transformação íntima com a prática do bem e tenha melhor previsão dos dias futuros.

❀

Mais calma.
E mais tolerância.

Mais dedicação.
E mais bondade.

Mais confiança.
E mais certeza.

Mais amor.
E mais perdão.

❀

A evolução espiritual permite conhecimento mais nítido do porvir.

95

É CAPAZ

Cap. XVI – 1 a 18

Você é capaz de prever sua situação mais adiante, se age de acordo com o amor ao próximo.

Paciente.
E tolerante.

Calmo.
E generoso.

Dedicado.
E confiante.

Gentil.
E amorável.

❀

A espiritualização favorece a previsão do futuro.

CAPÍTULO XVII

Predições do Evangelho

96

NÃO SE DECEPCIONE

Cap. XVII – 1 e 2

Não se decepcione se agora seu esforço no bem não é reconhecido pelos outros.

Continue.
No trabalho.

Persista.
Na dedicação.

Acredite.
Na bondade.

Confie.
Na esperança.

Mantenha sempre o compromisso com o amor ao próximo.

97
NÃO TENHA

Cap. XVII – 3 a 9

Não tenha receio do amanhã, em razão de sua entrega hoje ao exercício do amor ao próximo.

❀

O cansaço.
Pela tarefa.

A dúvida.
Pela sequência.

A preocupação.
Pelo resultado.

A dificuldade.
Pela incerteza.

❀

Prepare-se tanto quanto possível, mas sempre com a convicção do Apoio Divino.

98

EXISTE SIM

Existe sim aquele que dificulta a assistência ao necessitado.

❀

O cidadão.
Invejoso.

O protetor.
Renitente.

O colega.
Vacilante.

O protegido.
Complicado.

❀

Apesar disso, a insistência no bem garante a continuidade.

99

SEU TRABALHO

Às vezes, seu trabalho em favor do próximo não é reconhecido.

❀

A ajuda.
Ao carente.

O conforto.
Ao sofredor.

O socorro.
Ao enfermo.

A palavra.
Ao confuso.

❀

Embora sem a consideração do outro, mantenha a confiança em Jesus e prossiga seu caminho.

100
ESCORIAÇÕES

Cap. XVII – 15 a 21

Trate as escoriações em sua alma, praticadas pelos que não acreditam na solução do bem.

Com perdão.
E esquecimento.

Com ânimo.
E trabalho.

Com fé.
E esperança.

Com amor.
E dedicação.

As cicatrizes hoje são lembranças de agressões anteriores.

101

NÃO SE OFENDA

Cap. XVII – 22 e 23

Não se ofenda com os que não aceitam sua tarefa de socorro ao próximo.

❀

Desculpe.
E tolere.

Compreenda.
E esclareça.

Demonstre
E comprove.

Dialogue.
E explique.

❀

Embora essas dificuldades ocasionais, confie em Jesus e permaneça na prática do bem.

102
MANTENHA

Cap. XVII – 24 a 26

Mantenha o sentimento do bem em todos os instantes de sua vida.

Na família.
Com paciência.

No trabalho.
Com vontade.

No estudo.
Com dedicação.

No convívio.
Com tolerância.

Assim como as palavras de Jesus jamais passarão, viva de tal forma que seu amor ao próximo também nunca passe.

103

DIREÇÃO SEGURA

Cap. XVII – 27 e 28

Busque no Evangelho a direção segura para sua vida.

O amor.
Ao próximo.

O perdão.
Ao agressor.

O cuidado.
Ao carente.

A bondade.
A todos.

Faça dos ensinamentos de Jesus a coluna firme na construção de seu destino.

104
APENAS PELO BEM

Cap. XVII – 29 e 30

Agindo em favor do próximo, não exija qualquer reconhecimento.

❀

Tolerância?
Sem ganho.

Amor?
Sem retorno.

Caridade?
Sem prêmio.

Ajuda?
Sem gratidão.

❀

Prossiga na tarefa do bem, apenas pelo bem, e conte sempre com o apoio de Jesus.

105

NÃO DIRECIONE

Não direcione a prática do bem apenas aos que comungam suas ideias religiosas.

A caridade.
Não é restritiva.

A atenção.
Não é dirigida.

A assistência.
Não é arbitrária.

O amor.
Não é exclusivo.

Atenda a todos com a certeza de que Jesus está sempre presente.

106
VIDA ATUAL

Cap. XVII – 33 e 34

Sua vida atual não é única, é apenas mais uma na multiplicidade das existências.

❀

Aproveite.
O momento.

Entenda.
A ocasião.

Prepare.
O futuro.

Controle.
A exigência.

❀

Cada experiência no corpo é oportunidade de mais progresso e mais amor.

107
SEJA DIGNO

Seja digno da presença do Consolador em seu caminho.

❀

Cultive.
O amor.

Considere.
O próximo.

Exerça.
O bem.

Distribua.
O carinho.

❀

Traga a fraternidade como lema e tenha certeza da presença de Jesus em seu coração.

108
ACEITE

Se você quer seguir Jesus, aceite Suas recomendações e ensinamentos.

❀

A cruz.
E a renúncia.

O perdão.
E a brandura.

A confiança.
E a firmeza.

O amor.
E a caridade.

❀

Faça sempre o bem, abraçando o Evangelho em sua vida.

109

PARCEIRO

Cap. XVII – 47 a 58

Seja parceiro na evolução moral da humanidade, valorizando o Evangelho na própria vida.

A prática.
Do bem.

O costume.
Da tolerância.

A rotina.
Do perdão.

O exercício.
Da indulgência.

Faça seu dia de hoje melhor que o de ontem, pela presença do amor ao próximo em seu caminho.

110

SEJA CORRETO

Cap. XVII – 59 a 61

Se a Bondade Divina lhe favorece com a mediunidade, seja correto no compromisso.

❀

Honestidade.
No contato.

Dedicação.
Ao trabalho.

Persistência.
No exercício.

Amor.
Ao próximo.

❀

Siga a recomendação do bem e não espere nem exija qualquer recompensa pelo atendimento mediúnico.

111

JULGAMENTO CERTO

Cap. XVII – 62 a 67

Analise sua atitude alterada com o próximo e solucione com a presença do bem.

Irritação?
É calma.

Orgulho?
É simplicidade.

Vaidade?
É modéstia.

Humilhação?
É benevolência.

O julgamento certo é o que se faz da própria conduta, para ser corrigida com os recursos do Evangelho.

CAPÍTULO XVIII

Os tempos são chegados

112
TEMPOS PREVISTOS

Cap. XVIII – 1 a 25

Os tempos previstos já chegaram também para você que acredita no bem e na vida futura, mas precisa de transformação íntima com mais intensidade.

Mais calma.
E paciência.

Mais bondade.
E tolerância.

Mais perdão.
E renúncia.

Mais amor.
E caridade.

Receba a palavra de Jesus com ânimo e esperança, e prossiga sempre na tarefa do amor ao próximo.

113
Novos tempos

Nesses novos tempos, dê o próprio exemplo de conduta no bem aos que pertencem a seu núcleo familiar.

O amor.
Na convivência.

A tolerância.
Nas diferenças.

A ajuda.
Na dificuldade.

A paz.
Nos diálogos.

Mostre o caminho do entendimento na vivência das lições do Evangelho.

114
COOPERAÇÃO

Cap. XVIII – 1 a 25

O Espiritismo recomenda a caridade de acordo com os ensinamentos de Jesus.

Má resposta?
Não revide.

Intolerância?
Compreenda.

Agressividade?
Não acuse.

Desatenção?
Paciência.

Coopere com a evolução moral do mundo e seja o exemplo do bem.

115
SEJA SOLIDÁRIO

Cap. XVIII – 1 a 25

Busque o conhecimento espiritual e seja solidário com os que desejam a reforma íntima.

❀

Apoie.
O companheiro.

Entenda.
O que é espiritual.

Lembre.
A reencarnação.

Explique.
O que é difícil.

❀

O esforço da transformação moral pede paciência e compreensão daqueles que caminham juntos para o futuro.

116
APLICAÇÃO

Cap. XVIII – 1 a 25

Reconheça a aplicação da fraternidade em alguns momentos.

❀

Aceite.
O que é diferente.

Compreenda.
O que é difícil.

Evite.
O que é discutível.

Pacifique.
O que é hostil.

❀

A explicação espírita a respeito da vida futura mostra a importância do amor ao próximo na convivência diária.

117

EVOLUÇÃO MORAL

Cap. XVIII – 1 a 25

Atualmente, quando já ocorre a evolução moral, esteja com todos pacificamente.

❀

Colabore.
E seja útil.

Converse.
E seja calmo.

Explique.
E seja claro.

Ensine.
E seja paciente.

❀

Se a Doutrina Espírita lhe esclarece a respeito da vida espiritual, então você já sabe o que convém na vida física.

118

GERAÇÃO NOVA

Cap. XVIII – 26 a 35

Como na humanidade você é parte da geração nova, entregue-se ao conhecimento da vida maior.

Acompanhe.
Jesus.

Conheça.
O Evangelho.

Compreenda.
Kardec.

Estude.
O Espiritismo.

Faça todo o bem possível ao próximo, na certeza de que é também para você.

119

SEJA VOCÊ

Seja você alguém que possa contribuir para a melhora da vida humana.

❀

Pratique.
A tolerância.

Respeite.
O outro.

Promova.
A paz.

Ajude.
O próximo.

❀

O exercício da fraternidade é indício certo de transformação interior.

120

NÃO SE IMPORTE

Não se importe com as críticas a seu comportamento solidário.

Facilite.
A bondade.

Resolva.
O transtorno.

Supere.
O desânimo.

Espalhe.
A coragem.

Prossiga a convivência fraterna, embora ela seja motivo de sofrimento e dificuldade.

121
MUDANÇA MORAL

Cap. XVIII – 26 a 35

Testemunhe e participe da mudança moral na Humanidade, compreendendo e servindo o próximo com os recursos do bem.

❀

Amor.
E caridade.

Paciência.
E tolerância.

Bondade.
E dedicação.

Renúncia.
E benevolência.

❀

A presença na tarefa fraterna é a garantia da presença do Evangelho e do Espiritismo em você.

IDE | Conhecimento e educação espírita

No ano de 1963, Francisco Cândido Xavier ofereceu a um grupo de voluntários o entusiasmo e a tarefa de fundarem um periódico para divulgação do Espiritismo. Nascia, então, o Instituto de Difusão Espírita - IDE, cujos nome e sigla foram também sugeridos por ele.

Assim, com a ajuda de muitas pessoas e da espiritualidade, o Instituto de Difusão Espírita se tornou uma entidade de utilidade pública, assistencial e sem fins lucrativos, fiel à sua finalidade de divulgar a Doutrina Espírita, por meio de livros, estudos e auxílio (material e espiritual).

Tendo como foco principal as obras básicas de Allan Kardec, a preços populares, a IDE Editora possui cerca de 300 títulos, muitos psicografados por Chico Xavier, divulgando-os em todo o Brasil e em várias partes do mundo.

Além da editora, o Instituto de Difusão Espírita também se desenvolveu em outras frentes de trabalho, tanto voltadas à assistência e promoção social, como o acolhimento de pessoas em situação de rua (albergue), alimentação às famílias em momento de vulnerabilidade social, quanto aos trabalhos de evangelização infantil, mocidade espírita, artes, cursos doutrinários e assistência espiritual.

Ao adquirir um livro da IDE Editora, além de conhecer a Doutrina Espírita e aplicá-la em seu desenvolvimento espiritual, o leitor também estará colaborando com a divulgação do Evangelho do Cristo e com os trabalhos assistenciais do Instituto de Difusão Espírita.

www.idelivraria.com.br

Espírito
André Luiz

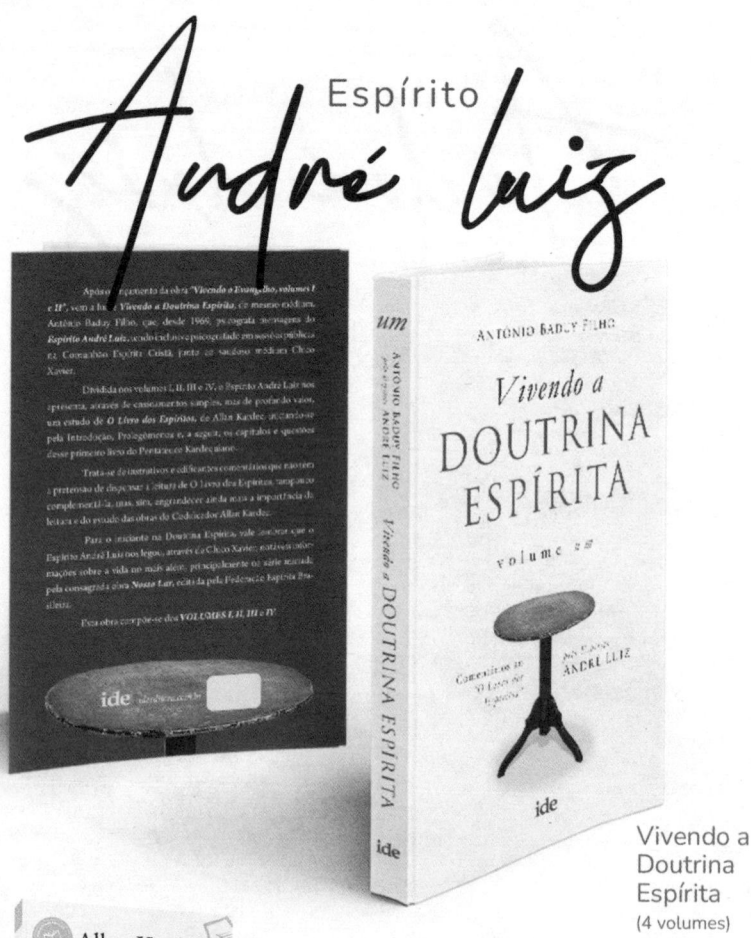

Vivendo a
Doutrina
Espírita
(4 volumes)

Mensagens ilustrativas
da obra **O Livro dos
Espíritos**

ide

idelivraria.com.br

Pratique o "Evangelho no Lar"

Allan Kardec

O Evangelho Segundo o Espiritismo

A explicação das máximas morais de Cristo, sua concordância com o Espiritismo e sua aplicação às diversas circunstâncias da vida.

ide

Aponte a câmera do celular e faça download do roteiro do **Evangelho no lar**

Ide editora é nome fantasia do Instituto de Difusão Espírita, entidade sem fins lucrativos.